Zensho W. Kopp

AF284344

Vida desde la plenitud interior

La gente tiende a confundir la felicidad con el placer, sin darse cuenta de que el placer es solo una sombra de la Felicidad.

La verdadera Felicidad solo puede encontrarse en lo Imperecedero, solo en aquello que es independiente del espacio y del tiempo.

El anhelo espiritual es la llamada de lo Eterno, un anhelo que viene de lo más profundo de nuestro corazón.

Lo que se esconde en nuestro interior recóndito reposa en silencio y tranquilidad, y en ese Silencio de la Profundidad de la Perfecta Vacuidad Divina brota el Eterno e Inagotable Manantial de todo Ser.

En el Zen no se trata de ninguna forma de reprimir el pensamiento, sino más bien de superarlo.

Si realmente quieres entrar en la zona de la Iluminación, es absolutamente necesario que tu mente se vuelva clara y se quede vacía como una habitación diáfana.

Deja solo la mente en su propia Naturaleza.

Nosotros podemos experimentar en el Absoluto de nuestro Sí Mismo el Misterio Último de todos los seres, percibiéndolo como un «Yo Soy» en lo más profundo de nuestro propio Ser.

El Ser Divino, el «Yo Soy» eterno, brilla a la Luz de la Conciencia Pura.

Lo es todo, y quien lo reconozca se experimenta a sí mismo y a toda la creación como este "yo soy".

En toda forma de representación de la vida cotidiana se revela el Origen y la Omnipresencia de la Realidad del Ser Divino. Tú solo tienes que entregarte.

Libera tu mente de todo, sea lo que sea. Cuando te relaciones con todo de forma natural, estarás en perfecta concordancia con todo. De ese modo, tu mente estará totalmente libre, incluso si transita entre la vida y la muerte.

Deja de buscar la Felicidad en lo externo y vuelve tu mente hacia dentro.

Tu verdadera Naturaleza es un ilimitado océano de Dicha.

La Radiante Luz del Ser Divino está siempre presente. Solo está cubierta por las oscuras nubes del pensamiento discriminador.

La verdadera meditación debe incluir todos los momentos de la vida.

Vuelve una y otra vez a la Auto-conciencia pura y avanzarás en el camino espiritual.

No dejes para al futuro el ejercicio espiritual, pues no sabes si mañana todavía vivirás.

Si en esta vida no te esfuerzas en alcanzar la Liberación, ¿a qué vida quieres esperar?

El Ser Verdadero es tan puro y radiante como la luna clara en el nocturno cielo.

El ego es irreal y transitorio como una ola efímera en la superficie del mar de la conciencia.

Nota que eres conciencia pura más allá del nacimiento y de la muerte.

A medida que nos vayamos vaciando de todo lo que no es Dios, nos iremos llenando de la Plenitud del Ser Divino.

Siempre que una persona en perfecta renuncia de sí misma esté dispuesta a entregarse al Amor Divino, le será concedido el acceso a la Luz interior.

Tomar conciencia de la Mente como un espejo es el fundamento de la verdadera meditación Zen. Haz de tu conciencia un espejo que refleje sin ninguna evocación todo lo que acontece.

Durante la meditación deja la mente en su estado natural. Cada acción correctiva es errónea y lleva solo al agotamiento anímico.

En el silencio de la Mente regresas a tu Naturaleza primigenia.

El Secreto de la Inmortalidad de tu Ser Verdadero solo se puede encuentrar en el momento presente del Ahora.

Solo cuando te liberes de las expectativas de querer conseguir algo, te encontrarás en el verdadero Camino Zen.

Un solo momento de la Omnímoda Presencia de la Conciencia Pura y te encuentras en la Perenne Eternidad del Ahora.

No busques la realidad en lo externo, pues tu mente propia es Buda.

¿Quieres experimentar la Realidad? Pues entonces mira tu Ser inherente, porque esta Esencia es la Realidad misma.

Tu verdadera Esencia es la Totalidad del Ser que todo lo abarca.

Todo es una Realidad Única. Todo es la manifestación de la Verdad. No hay nada existente, que no sea una confirmación de la Realidad.

Tú estás justo en medio del Bodhi Mandala, en el Gran Mandala de la Experiencia multi-dimensional, la Totalidad del Ser que todo lo abarca, que impregna todo el Universo.

El Paraíso no puede estar en ningún lugar que no sea "ahora-aquí" justo donde estás tú. Como no puedes experimentar la Realidad ahí donde te encuentras, a pesar de que está justo delante de ti, no puedes reconocerla.

La Omnipresencia de la Mente Única impregna todo el Universo. Todo cambio y transformación es la continua Auto-evolución y Auto-transformación de esta Mente Universal.

Cuando despiertas a la Realidad de tu Ser Verdadero, reconoces que Todo es Mente Única, junto a la cual no existe nada más. Todo es Uno y Uno es Todo.

Tu nacimiento no es el comienzo de la Vida. Tu Verdadero Ser precede a tu nacimiento, eso significa que tú eres la misma Vida. Y si tu Naturaleza Verdadera ya existe incluso antes de nacer, entonces también perdurará después de tu muerte.

Tu Verdadero Ser nunca puede ser ni el pasado ni el futuro, puesto que ellos solo son nubes que transitan por encima de la Clara Luz de la Mente y son ficticias.

Eso que estás buscando es tu verdadero Sí Mismo divino, fuera del espacio y del tiempo, y más allá del nacimiento y de la muerte. Él es tu propia Realidad. Nunca la has perdido, siempre está ahí.

Libérate de tus viejos conceptos y de todos tus apegos. Dinamita todas tus imitaciones. Si eres capaz de todo esto, te hallarás en el camino de la Iluminación.

Solo cuando, olvidado te ti mismo te hayas desprendido de todas las cosas, se te concederá la paz y la plenitud del Ser Divino, como disposición al desprendimiento interior.

Mientras la persona aspire a la Iluminación solo para sí misma, nunca la logrará. Porque el avance hacia este Despertar liberador presupone la comprensión en profundidad de la identidad Esencial de todos los seres. Esto requiere de los buscadores de lo espiritual una actitud mental que, sin ningún tipo de límites, se abra a la Vida en toda su Universalidad.

Somos luz de la luz de nuestro Sí Mismo Verdadero, que brilla en la oscuridad. Pero, ¿dónde quieres buscar la Realidad de tu Ser Verdadero - que tú mismo eres - que no sea dentro de ti mismo? Solo con una entrega radical ante el abismo de la Oscuridad Divina se percibe la Brillante Luz, que se nos revela como la Plenitud de la Gran Vida.

Quien por amor a lo Eterno deja a un lado la insignificante vida temporal, admite al mismo tiempo la grandeza de la Vida, más allá del tiempo y del espacio, que lo está esperando. Pero esto significa en última instancia, nada más y nada menos que un desprendimiento real y sin ningún tipo de vuelta atrás.

En este vacío interior correspondemos con la Bienaventuranza que Jesús pronunció en el sermón de la montaña: «Bienaventurados los limpios de corazón, porque ellos verán a Dios».

Si no experimentamos con exactitud el momento presente, desperdiciamos la Verdadera Vida. Pues la Realidad de nuestro Ser verdadero se revela solo en el Aquí y Ahora.

Cuando te sumerjas en el Ahora-Aquí, se te revelará el Reino de la Realidad Última, que hasta ahora te había sido ocultado por el pensamiento.

Sé claramente consciente del momento presente y experimentarás todo tu Ser como

una maravillosa manifestación de la Realidad Divina.

Solo en el Ahora Absoluto podemos experimentar la dimensión de la Realidad sin límites de la Mente Única. Esta es la vivencia multidimensional de la Totalidad del Ser que todo lo abarca.

La Conciencia Cristalina es el sereno y relajado reflejo de la Mente en la poderosa quietud del no-pensar.

Si tu mente está absolutamente decidida y clara desde el principio, lo impregnarás todo y gozarás de una gran Serenidad y Paz inquebrantables.

Contempla tu mente con pacífica tranquilidad y serenidad. Así llegarás al alegre y sose-
gado Reflejo de la Mente.

Haz que tu mente sea amplia, abierta y clara,
y déjala que fluya libremente sin detenerse en
nada. Así te fusionarás con lo sustancial y no-
tarás la sabiduría inherente.

La conciencia, luminoso-vacío infinito, es el estado primigenio de la Mente.

Observa tu propia mente en todas partes y en todo momento. Así alcanzarás tu Naturaleza Búdica primigenia.

Durante la meditación Zen, es esencial mantener libre de distracciones la Conciencia de Vigilia en el silencio del No-pensar, sin dejarse arrastrar por influencias externas o pensamientos internos.

Cuando todos los pensamientos se disuelven en la Cristalina Atención Plena de la Mente, la Conciencia Pura se revela tal como es.

Puedes lograr la Paz inquebrantable de la Mente a través de la Conciencia perseverante de tu Ser Verdadero.

Cuando te hayas dado cuenta de la conciencia constante y absoluta, te darás cuenta de que la realidad más elevada no está separada de ti ni del universo.

El Samadhi es un estado anímico de conciencia cristalina con ausencia de todo pensamiento. Este es el estado primigenio natural del Ser de la Mente.

La mente discriminatoria es solo un conjunto de pensamientos y carece de realidad en sí misma. La Mente vacía de todo pensamiento es el estado original pleno de Bienaventuranza.

El que ha despertado plenamente reconoce todo el Universo dentro de sí mismo, y todo lo vive como ese Sí Mismo Único.

El mundo exterior de los fenómenos solo existe en tu mente. Esta está en constante cambio. Sin embargo, el verdadero Sí Mismo-Mente permanece eternamente inmutable.

Para capturar la Realidad Divina en toda su profundidad, tienes que despejar tu mente y hundirte en el silencio de la contemplación interna de tu Verdadera Naturaleza.

Alcanza el origen de lo real, de modo que la Mente-Propia, ilimitadamente abierta y brillante, ilumine todo el universo.

Cuando el yo falso se desvanece con su mundo imaginario, la luz de la Realidad Divina brilla en lo más profundo del corazón.

Solo cuando la noche te cubra en el olvido de ti mismo y de todas las cosas, despuntará el sol interior del Conocimiento.

En la experiencia de la Gran Muerte no resta ninguna percepción de la existencia, ni de todas las cosas, ni del Yo. Uno siente solo que su mente se está extendiendo a diez mil mundos, y surge un brillo de luz infinita.

En la experiencia del Amor Universal y consustancialidad te das cuenta de que todo está permeado por el Ser Divino, y que no existe la dualidad.

Cuando alcanzas la paz del Sí Mismo, todo el mundo está en orden, y todo está bien, tal y como es.

En el silencio de la Mente se eleva la Mente inmortal, y tú descansas en la paz serena del Sí Mismo.

Solo tu pensamiento conceptual distintivo te separa de la experiencia de tu gloriosa Naturaleza-Buda inherente.

Tu vida solo tiene tanto significado y profundidad como tú conciencia. Solo a la luz de la Conciencia Pura será todo significativo y valioso.

El camino más corto a Dios es a través de la devoción amorosa del corazón.

El alma que anhela a Dios no puede ser consolada por otra cosa que por el amor divino.

A través de la experiencia del amor divino se convierte tu vida en una celebración mística.

Conoce el pensamiento actual en su verdadera naturaleza. Míralo directamente. Así, la corriente de pensamiento se interrumpirá bruscamente y, mientras permanezcas sin distracciones, no producirás ningún pensamiento conceptual.

Si tu mente está suelta y relajada, se detienen todos los enredos con pensamientos y sentimientos, por lo que es necesario evitar ni manipular.

La experiencia de tu Ser Verdadero, que es el sentido y el propósito de tu nacimiento humano, no es algo especial o destacado, sino que es la propia vida real.

Tu verdadero Sí Mismo te está más cerca que tu propio corazón. Es la conciencia pura original y el fundamento de todas las experiencias. Como la verdadera naturaleza de la mente, está completamente fuera de lo que puede captar la conciencia ordinaria.

No es meditación si no puedes dejar que tu mente se relaje a sí misma. Deja, por lo tanto, tu mente ociosa, sin propósito y relajada, así que llegue por sí misma a descansar de forma natural.

Deja tu mente relajada y sin ataduras. Si tratas de controlar tu mente, esta responde con un aumento de la actividad mental. Sin embargo, si no te apegas a ella, buscará el descanso y estará tranquila y clara.

Tu conciencia se tranquilizará por sí misma si tú puedes relajar la mente sin tener un objetivo en la presencia de ánimo, sin meditar ni hacer nada.

Recoge tu mente en tu interior, déjala en amplitud, sin ideas. Si no estás disperso, no quedas atrapado en el pensamiento conceptual.

Dado que ninguno de los fenómenos existe fuera de la mente, sino que estos solo son la luz visible de mente, el aferramiento a los fenómenos se disuelve una vez que entiendes la Verdadera Naturaleza de la mente.

Si la conciencia se desvía de su naturaleza básica, la Mente se mueve dentro de los patrones condicionados por el engaño. Así que deja la comprensión aquí y ahora en la experiencia de tu Ser Verdadero.

El hombre ordinario se vuelve hacia el exterior para apagar su inquietud. El buscador espiritual se vuelve hacia su corazón y así alcanza su realización.

En el perfecto silencio de la Mente tu corazón recibe y entiende todo.

La razón de nuestro apego al nacimiento y a la muerte es el no reconocimiento de la verdadera naturaleza de nuestra Mente.

Esta ignorancia conduce a todos los pensamientos engañosos que nos unen a la ley kármica de causa y efecto.

La Meditación pura, sin otro propósito, es un sumergirse en el Origen de tu Ser Verdadero.

La verdadera Meditación Zen es sumirse en la Mente Ilimitada de la Naturaleza Búdica manifestando así la Esencia de todos los Budas.

El estado original de la perfección de la Mente solo puede ser experimentado en la conciencia absoluta pura del ahora, más allá del pasado, el presente y el futuro.

Mediante la perseverancia sin distracciones y presentemente consciente de la Mente, se rompen todas las ilusiones y entra en el más alto camino hacia la iluminación.

En el curso de numerosas encarnaciones surge un fuerte hábito mental. Por eso es muy importante ser conscienteen el momento y mantener siempre esta consciente en todas las actividades de la vida cotidiana.

La conciencia sin distracción y presente es la clave de la autoconciencia en la vida cotidiana.

Si los pensamientos surgen en la meditación, actúa como un observador espiritual sin considerar los pensamientos como errores. De esta manera, los pensamientos se vuelven más y más sutiles hasta que cesan por sí mismos y surge una experiencia de claridad pacífica y no-pensamiento.

La totalidad de la Esencia de la persona que ha encontrado el Camino de regreso a su Verdadera Naturaleza Originaria está en Armonía con la totalidad del Ser que todo lo abarca.

En cualquier lugar y en cualquier momento se te revela la Plenitud del Ser Divino.

Todo es revelación de la Realidad Divina. Todo está colmado de la Plenitud de Dios.

No hay un antes ni un después. Solo existe el Ahora, y este Ahora es la Realidad del Ser Divino.

La atención plena en el Zen es una continua y despojada de todo conciencia de la mente-misma.

En todo lo que hagas, mantén siempre una conciencia nítida y una actitud completamente relajada.

Nuestro Sí Mismo verdadero es nonato y sin límites, y no está sometido a la inconstancia del cuerpo con sus transformaciones físicas y psíquicas.

Solo cuando nos liberemos de la identificación con el cuerpo, con la mente y con el mundo, se nos encenderá en el corazón la Luz de la Verdad.

El Camino Zen que lleva directo a la Liberación, es el Camino en el que la persona, envuelta en las exigencias de la vida cotidiana, preserva la estabilidad y la serenidad.

Todo es un Todo que todo lo abarca, que contiene todo en Sí Mismo.

Acalla tu pensamiento y sumérgete en la Totalidad del Ser que todo lo abarca.

Cuando tu mente no permanece en ninguna parte y está totalmente alejada del apego a las impresiones sensoriales y pensamientos al azar, independientemente de si vives en medio del mundo, entonces está completamente vacía, en silenciosa paz y en armonía con el Absoluto.

Procesamiento de imágenes:
Reinhard Zanella, Jörg Zimmermann, Sandro Hölzel
Tipografía / Diseño de la cubierta: Jörg Zimmermann
Foto: Axel Jung
Traducción: Ignacio Vega

EAN / ISBN-13
9783751959209

Los créditos de estas imágenes pueden encontrarse
en la versión original alemana de este libro,
titulado „Leben aus der inneren Fülle“.

Herstellung und Verlag: BoD - Books on Demand, Norderstedt

Zensho W. Kopp, nacido en 1938, es uno de los maestros espirituales más autorizados de la actualidad y enseña una vía contemporánea de realización espiritual.

Autor de renombre internacional y con numerosos libros espirituales y audiolibros, enseña a una gran comunidad de estudiantes y dirige el centro Zen Tao Chan en Wiesbaden, Alemania.

Tao Chan Zentrum e.V., Asociación sin fines de lucro, Wiesbaden, Alemania

Velada Zen abierta al público: dos veces al mes, el Centro Zen Tao Chan de Wiesbaden organiza una velada Zen abierta al público bajo la dirección del Maestro Zen Zensho W. Kopp.

Información e inscripción:
www.tao-chan.org/es así como www.facebook.com/zensho.w.kopp
y vídeos Zensho www.tao-chan.org/es/maestro-zen-zensho/videos.htm

Otras publicaciones del autor, Maestro Zen Zensho W. Kopp

Todos los libros se encuentran disponibles en: www.tao-chan.org/es

Las Iluminadas Dimensiones de lo Divino
Cuadros y aforismos de un maestro Zen
ISBN 978-1484115428

Lao-tse – Tao Te King
*El libro del Tao y
su Virtud*
ISBN 978-3744895392

**El despertar al Verdadero
Sí Mismo**
*El camino ZEN
de la mística holística*
ISBN 978-3746010298

**La vida verdadera
mediante el ZEN**
*Auto-realización espiritual
en la vida diaria*
ISBN 978-3744894036

El arte moderno Zen
Pinturas y aforismos de un Maesto zen occidental
ISBN 978-3751972611